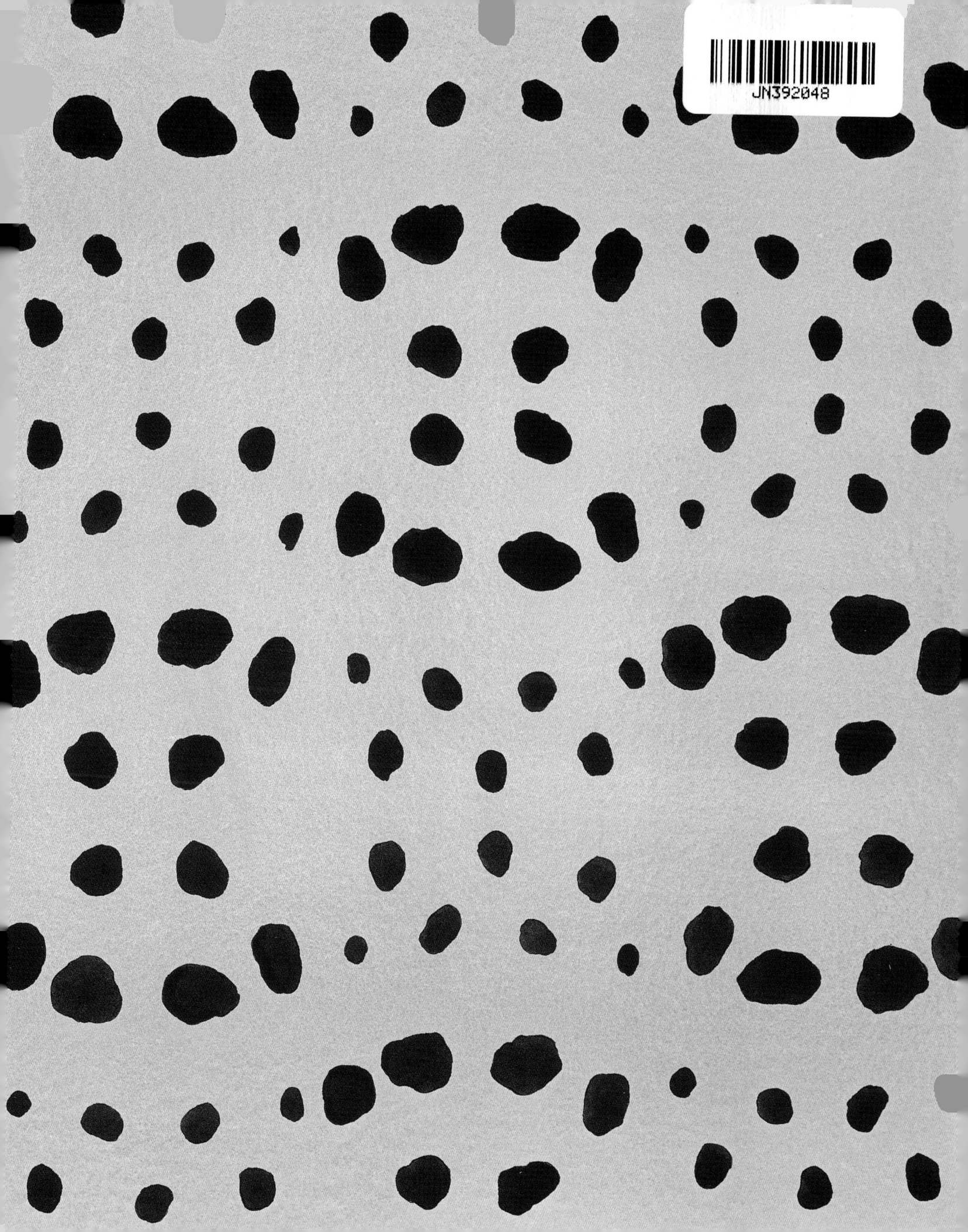

다이애나 허츠 애스턴 선생님은
곤충이나 자연에 대한 글을 쓰는 작가입니다.
멕시코에서 소외된 이웃과 청소년을 돌보는 단체 The Oz Project를 설립하여 운영하였고, 현재 텍사스에서 살고 있습니다.
작품으로는《나비의 기다림》《둥지는 소란스러워》등이 있습니다.

실비아 롱 선생님은
동물과 자연에 대한 그림을 많이 그렸습니다. 세밀하면서도 밝고 화사한 그림으로 전 세계의
많은 독자들의 사랑을 받고 있습니다. 현재 미국 애리조나 주의 스코츠데일에서 살고 있습니다.
작품으로는《털복숭이 아기 곰》《열 꼬마 토끼》등이 있습니다.

한영식 선생님은
지구상에서 가장 다채로운 곤충 세계에 매료되어 다양한 자연환경 책을 만들고 있습니다.
곤충생태교육연구소 소장으로 있으면서 숲 해설가 전문과정, 유아 숲 지도사 과정, 환경시민단체,
학교와 도서관에서 신비로운 생물들을 알리는 교육을 하고 있습니다.
EBS 하나뿐인 지구, KBS 코리언 지오그래픽 등의 다큐멘터리 방송과 생태환경전시관 자문을 하고 있습니다.
지은 책으로는《식물은 어떻게 겨울나기를 하나요?》《씨앗은 어떻게 자랄까?》《딱정벌레 왕국의 여행자》등이 있습니다.
곤충생태교육연구소 http://cafe.daum.net/edu-insect

딱정벌레는 부끄럼쟁이예요

처음 펴낸 날 | 2016년 6월 15일   세 번째 펴낸 날 | 2018년 2월 5일
글쓴이 | 다이애나 허츠 애스턴   그린이 | 실비아 롱   옮긴이 | 한영식

펴낸이 | 김태진
펴낸곳 | 다섯수레

기획편집 | 김경희, 조주영, 장예슬   디자인 | 이영아
마케팅 | 이상연, 이송희   제작관리 | 송정선

등록번호 | 제3-213호 등록일자 | 1988년 10월 13일
주소 | 경기도 파주시 광인사길 193(문발동) (우 10881)
전화 | (02) 3142-6611(서울사무소)   팩스 | (02) 3142-6615
홈페이지 | www.daseossure.co.kr   인쇄 | (주)로얄 프로세스

ⓒ 다섯수레, 2016 ⓒ 사진 한영식, 2016
ISBN 978-89-7478-406-5 77490

이 도서의 국립중앙도서관 출판예정도서목록(CIP)은 서지정보유통지원시스템
홈페이지(http://seoji.nl.go.kr)와 국가자료공동목록시스템(http://www.nl.go.kr/kolisnet)에서
이용하실 수 있습니다. (CIP제어번호: CIP2016013925)

A Beetle Is Shy

Text Copyright © 2016 by Dianna Hutts Aston. Illustrations © 2016 by Sylvia Long.
All rights reserved.

Korean translation Copyright © 2016 by Daseossure Publishing Co., Ltd.
This Korean Language Edition is published by arrangement with Chronicle Books LLC
through The Icarias Agency

이 책의 한국어판 저작권은 이카리아스 에이전시를 통해
Chronicle Books LLC와의 독점 계약으로 도서출판 다섯수레에 있습니다.
저작권법에 의해 한국 내에서 보호를 받는 저작물이므로 무단 전재와 무단 복제를 금합니다.

깃털뿔딱정벌레

딱정벌레는 부끄럼쟁이예요

다이애나 허츠 애스턴 글

실비아 롱 그림

한영식 옮김

다섯수레

남생이잎벌레 딱정벌레의 일종

딱정벌레는 부끄럼쟁이예요!

알에서 새로운 생명이 시작되고 있어요.
알은 부드럽고 빛깔이 연해요. 아직은 날개도 없어요.
나무의 뿌리와 나뭇잎 뒤에 붙어서
보호를 받으며 자라고 있어요.

무당벌레 애벌레가 알을 깨고 밖으로 나왔어요.
꼬물꼬물 무당벌레 애벌레는 식물의 잎에서 진딧물을 잡아먹으며
빠르게 자라요. '외골격'이라 불리는 단단한 피부가
무당벌레의 몸을 보호해 주지요.

무당벌레 애벌레는 시간이 흐를수록 점점 더 크게 자라요. 고치 모양의
번데기가 돼요. 번데기 속에서 날개와 더듬이가 자라고, 차츰 몸이 단단해져요.
일주일 정도 지나면 등이 갈라지면서 드디어 무당벌레가 나와요.
딱지날개는 아직 연한 색이지만 시간이 지나면
마침내 빨간 바탕에 검은색 점무늬가 있는 무당벌레가 되지요.

딱정벌레 무리에는 무당벌레, 사슴벌레, 하늘소, 비단벌레, 잎벌레 들이 있어요. 대부분 검은색이거나 갈색이지만 무당벌레처럼 붉은 바탕에 점무늬가 있거나 보는 방향에 따라 여러 가지 색으로 빛나기도 해요. 아름다운 무지개 색 딱정벌레도 있어요.

딱정벌레는 아주 크거나

타이탄하늘소

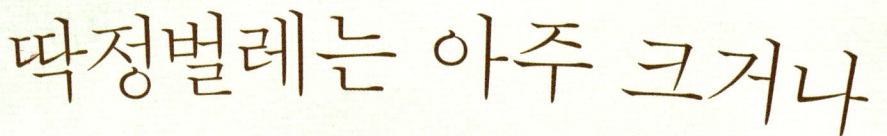

타이탄하늘소는 전 세계에서
가장 큰 곤충 가운데 하나예요.
머리에 달린 집게 모양의 큰 턱은 연필을
반 토막으로 부러뜨릴 만큼
힘이 넘쳐나요.

북아메리카 깃털날개딱정벌레

매우 작아요.

북아메리카에 사는 깃털날개딱정벌레는 전 세계에서 가장 작은 곤충 가운데 하나예요. 바늘 구멍을 통과할 정도로 크기가 매우 작아요.

딱정벌레는

- 인도
  사슴벌레 처트니(소스)

- 베트남
  풍뎅이 애벌레 수프

- 타이
  쇠똥구리 볶음

맛이 좋아요.

딱정벌레는 남극대륙을 제외한 모든 대륙에서 살아요.
딱정벌레는 종류도 많고 개체 수도 많아요.
단백질도 풍부해서 전 세계 사람들이 음식으로 먹어요.

미국에서는 딱정벌레를 넣어 만든 아이스크림을
간식으로 먹어요. 네덜란드에서는 딱정벌레
초콜릿을 맛볼 수 있어요.

● **파푸아뉴기니**
바구미 애벌레 야자 볶음

● **오스트레일리아**
구운 하늘소 애벌레

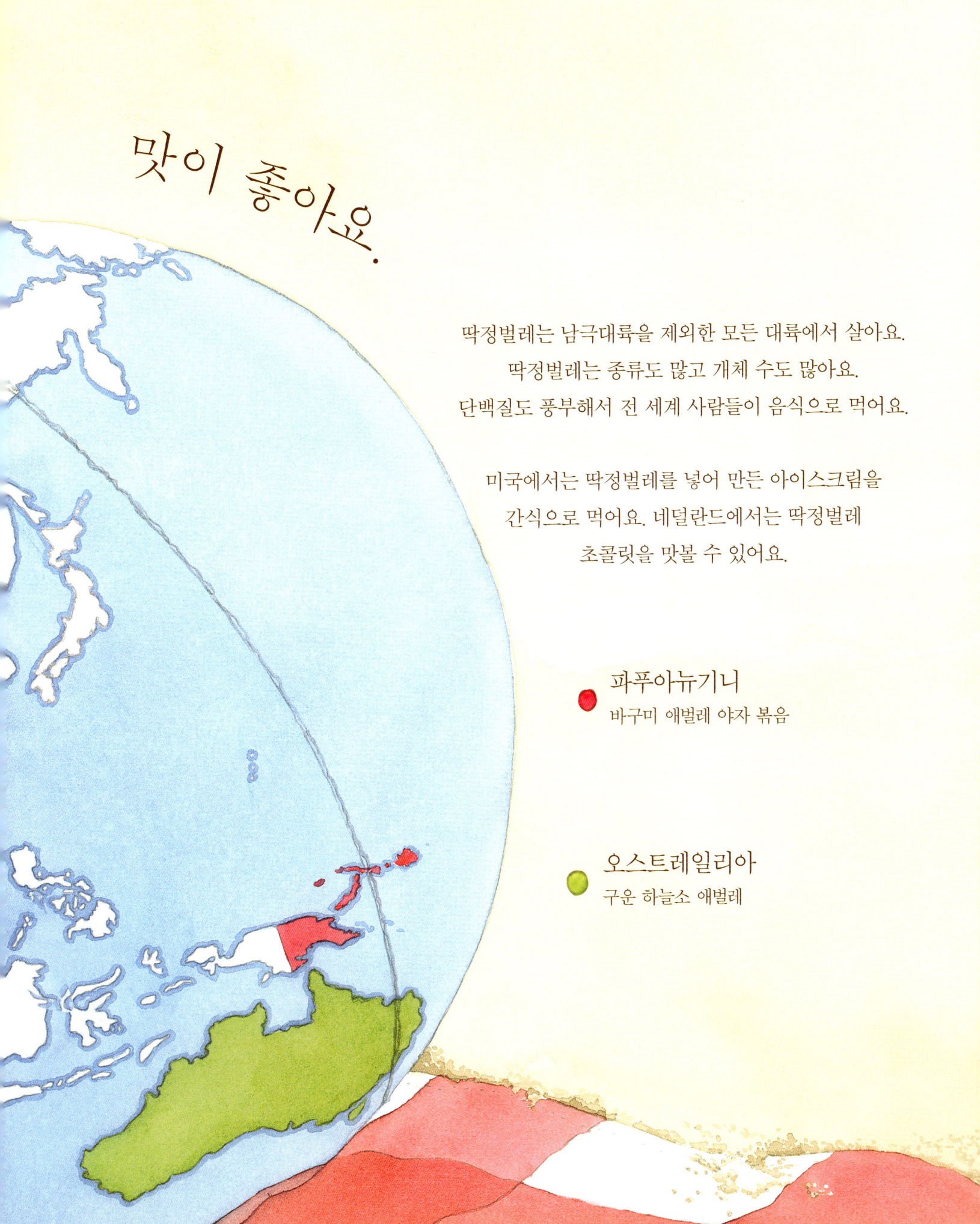

딱정벌레는 땅을 잘 파요.

무지개쇠똥구리는 넓고 삐죽삐죽한 다리로 땅을 잘 파요.
쇠똥구리의 모습은 불도저 같아요.
동물의 배설물을 둥글게 빚어 데굴데굴 굴리고
땅속이나 똥 더미 위에 묻어요.

땅 파는 딱정벌레 무지개쇠똥구리

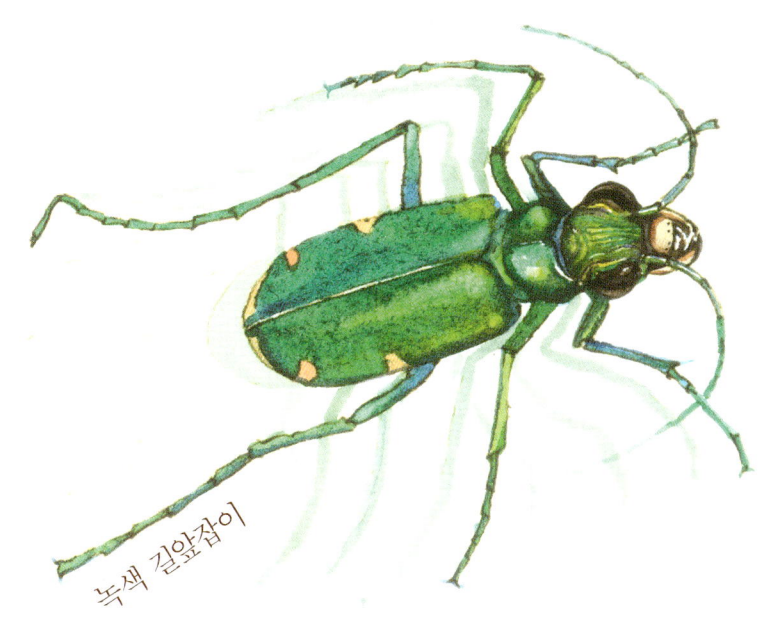
녹색 길앞잡이

달리기도 잘하고,

녹색길앞잡이는 빠르게 달릴 수 있는 길고 가느다란 다리를 갖고 있어요. 길앞잡이는 1초에 61cm를 달릴 수 있지요. 길앞잡이가 곤충올림픽에 나간다면, 1분에 46m를 달릴 수 있어요.

명아주벼룩잎벌레

높이뛰기 선수이지요.

명아주벼룩잎벌레는 높이뛰기를 매우 잘해요. 뒷다리가 굵게 발달된 벼룩잎벌레는 33cm 높이까지 뛸 수 있어요.

딱정벌레는 수영 선수예요.

물에 사는 딱정벌레는 물속 식물이나 곤충뿐 아니라
올챙이와 작은 물고기도 먹어요.
워터글라이딩반날개 딱정벌레는 노처럼 긴 다리를
갖고 있어 헤엄을 잘 쳐요.

연못이나 호수에서 돛단배가 떠다니는 것처럼
헤엄을 치지요. 마치 유리 천장에서 미끄러지듯
스케이트를 타는 것처럼 보여요.

워터글라이딩반날개

딱정벌레는

대부분의 딱정벌레는 페로몬으로 대화를 해요.
페로몬은 짝짓기를 하거나 먹이를 찾기 위해 뿜어내는 물질이에요.
딱정벌레 가운데 하늘소 무리는
몸과 날개를 긁어서 내는 소리로 대화를 해요.

부멜리아하늘소

불빛으로 말해요.

'개똥벌레'라고도 부르는 반딧불이는 반짝거리는 불빛으로 대화를 해요.
반딧불이는 짝짓기를 위해 암컷을 유인하려고 불빛을 깜빡거려요.
자신의 영역을 보호하거나 포식자들에게 경고할 때도
불빛 신호를 보내요.

반딧불이

딱정벌레는 여러 방법으로 자신을 안전하게 지켜요.
먹이인 식물과 아주 비슷한 긴코바구미는
잎과 나무껍질 사이에 숨어서 도움을 받아요.

긴코바구미

딱정벌레는 매우 조심스러워요.

어떤 딱정벌레는 독이 있는 액체를 내뿜어서
자신을 보호해요.
물집딱정벌레 가뢰는 살갗을 부풀어 오르게
하는 독소를 내뿜어요.

가뢰

화살독잎벌레는 몇몇 아프리카 부족이
사냥할 때 작은 화살촉 끝에 바르는
독으로 이용돼요.

화살독잎벌레와 애벌레

호랑하늘소

독이 없는 딱정벌레는 천적을 위협하기 위해
독침이 있는 것처럼 위장해요.
호랑하늘소는 말벌처럼 색깔과 모양을
흉내 내서 자신을 보호하지요.

폭탄먼지벌레는 눈을 따끔거리게 하는
방귀를 발사해요.
방귀에서 연기도 뿜어져 나와 적들을
더욱 혼란스럽게 만들어요.

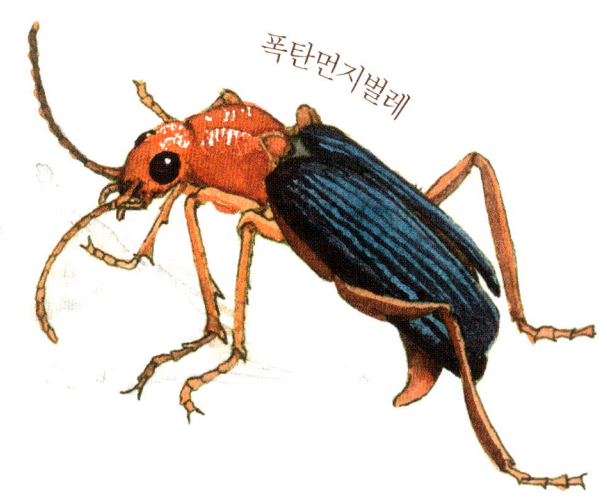

폭탄먼지벌레

딱정벌레는 도움을 주거나

무당벌레와 병대벌레는 식물의 즙을
빨아먹는 진딧물을 잡아먹어
농작물에 도움을 줘요.

줄무늬오이잎벌레

목화바구미

피해를 줘요.

바구미처럼 식물의 잎사귀나 줄기, 뿌리를 먹고 사는 딱정벌레는
목화나 옥수수, 상추, 밀, 감자 같은 농작물에 피해를 줘요.
쌀 한 톨 크기만 한 표본벌레는 양모, 시리얼, 양념,
심지어 반려동물용 말린 과일까지 먹으며 살아요.

표본벌레

딱정벌레는 선사시대에 태어났어요.

나뭇진 호박 화석 속 딱정벌레

화석은 공룡이 살았던 2억 3천만 년 전에도 딱정벌레가
지구에 살고 있었다는 걸 보여 줘요. 나비, 벌 그리고
다른 곤충들이 태어났던 것보다 수백만 년이나 앞섰지요.

지구에는 100만 종이 넘는 곤충이 살고 있어요.
곤충은 모든 동물 가운데 절반 이상이나 되고,
곤충의 거의 절반은 딱정벌레예요.
딱정벌레는 날개 달린 여느 곤충들과도 달라요.
방패처럼 단단한 겉날개인 딱지날개와
더위와 비를 피하거나 배고픈 천적을 피해 날아갈 수 있는
부드러운 속날개인 비행날개를 갖고 있어요.

딱정벌레는 단단한 딱지날개를 가졌어요.

막질의 속날개(비행날개)

남생이잎벌레 번데기

딱정벌레는 부끄럼쟁이예요.

알에서 새롭게 태어난 남생이잎벌레 애벌레는 연약하고 배가 고파요. 애벌레는 고치가 되려고 서두르면서도 아늑하고 편안한 잎에 붙어 있지요.

그리고 마침내…

딱정벌레로
태어났어요!

남생이잎벌레 딱정벌레

딱정벌레에 대해 물어 보아요

글·사진 한영식

우리나라에는 어떤 딱정벌레가 살고 있나요?

우리나라에는 생김새가 매우 다양한 딱정벌레들이 살아요. 머리에 뿔이 달려 있는 장수풍뎅이, 사슴 뿔 모양의 큰 턱을 갖고 있는 사슴벌레, 더듬이가 매우 기다란 하늘소, 동글동글 귀여운 무당벌레, 주둥이가 뾰족하게 튀어나온 바구미, 뒷다리로 빠르게 헤엄치는 물방개, 먼지가 풀풀 날 정도로 빠르게 기어가는 먼지벌레, 몸이 뒤집어지면 톡 하고 방아를 찧듯 튀어 오르는 방아벌레가 살고 있어요. 그 외에도 다양한 모습의 딱정벌레가 숲과 들판, 냇물과 연못, 논과 밭에 살고 있어요.

딱정벌레는 얼마나 오래 사나요?

딱정벌레는 알, 애벌레, 번데기, 성충으로 모습이 변해요. 딱정벌레는 장수풍뎅이처럼 알에서 성충까지의 수명이 1년 정도인 경우가 많아요. 넓적사슴벌레는 알에서 성충까지 2~3년, 왕사슴벌레는 3~4년을 살지요. 아우르렌타비단벌레(Bupretis aurulenta)는 애벌레로만 51년을 살아서 가장 오래 산 딱정벌레로 기록되었어요.

딱정벌레는 무얼 먹고 사나요?

딱정벌레는 종류에 따라 먹이도 달라요. 장수풍뎅이와 사슴벌레는 나뭇진을 먹고 살아요. 잎벌레는 풀잎을 갉아먹고, 길앞잡이는 개미나 애벌레를 잡아먹어요. 무당벌레는 풀 즙을 빨

장수풍뎅이　　　　　　　　물방개

아 먹는 진딧물을 잡아먹고, 물방개는 물속에 사는 올챙이와 작은 곤충을 잡아먹어요. 똥풍뎅이는 배설물을 먹고 살고 쇠똥구리는 소나 말의 똥을 둥글게 빚어서 알을 낳고 굴려요. 반딧불이는 성충이 되면 아무것도 먹지 않고 물만 먹고 불빛을 깜빡거리며 밤하늘을 날아다녀요.

긴알락꽃하늘소

딱정벌레는 소리를 내나요?

딱정벌레는 풀벌레나 매미처럼 소리를 낼 수 있는 재주는 없어요. 그러나 희한한 소리를 내는 딱정벌레가 있어요. 하늘소는 '음매' 하고 소처럼 울어서 '하늘을 날아다니는 소'라는 뜻으로 '하늘소'라는 이름이 붙었어요. 방아벌레는 몸이 뒤집혔을 때 디딜방아를 찧듯 똑딱하고 뛰어오르기 때문에 '똑딱벌레'라 부르지요.

넓적사슴벌레

딱정벌레는 어느 무리에 속하나요?

딱정벌레들은 동물계〉절지동물문〉곤충강〉딱정벌레목에 속해요. 딱정벌레목은 생김새에 따라 장수풍뎅이과, 사슴벌레과, 먼지벌레과, 무당벌레과, 잎벌레과 등으로 분류해요.

동 물 계(界) 절지동물문, 환형동물문(지렁이), 연체동물(달팽이, 우렁이), 편형동물문(플라나리아) 척추동물문(어류, 양서류, 파충류, 조류, 포유류)이 포함되는 무리

절지동물문(門) 곤충, 거미, 가재, 지네 등 몸이 마디마디로 된 동물이 포함되는 무리

곤충강(綱) 딱정벌레, 나비, 벌, 파리, 매미, 노린재, 메뚜기, 잠자리가 포함되는 무리

딱정벌레목(目) 장수풍뎅이, 사슴벌레, 먼지벌레, 무당벌레, 잎벌레, 바구미, 거위벌레, 쇠똥구리, 방아벌레가 포함되는 무리

장수풍뎅이과(科) 장수풍뎅이, 외뿔장수풍뎅이가 포함되는 장수풍뎅이과 무리

장수풍뎅이 장수풍뎅이과 중에서 '장수풍뎅이' 종을 말함 (학명)

Trypoxylus　　dichotomus
속(屬)명　　　종(種)명

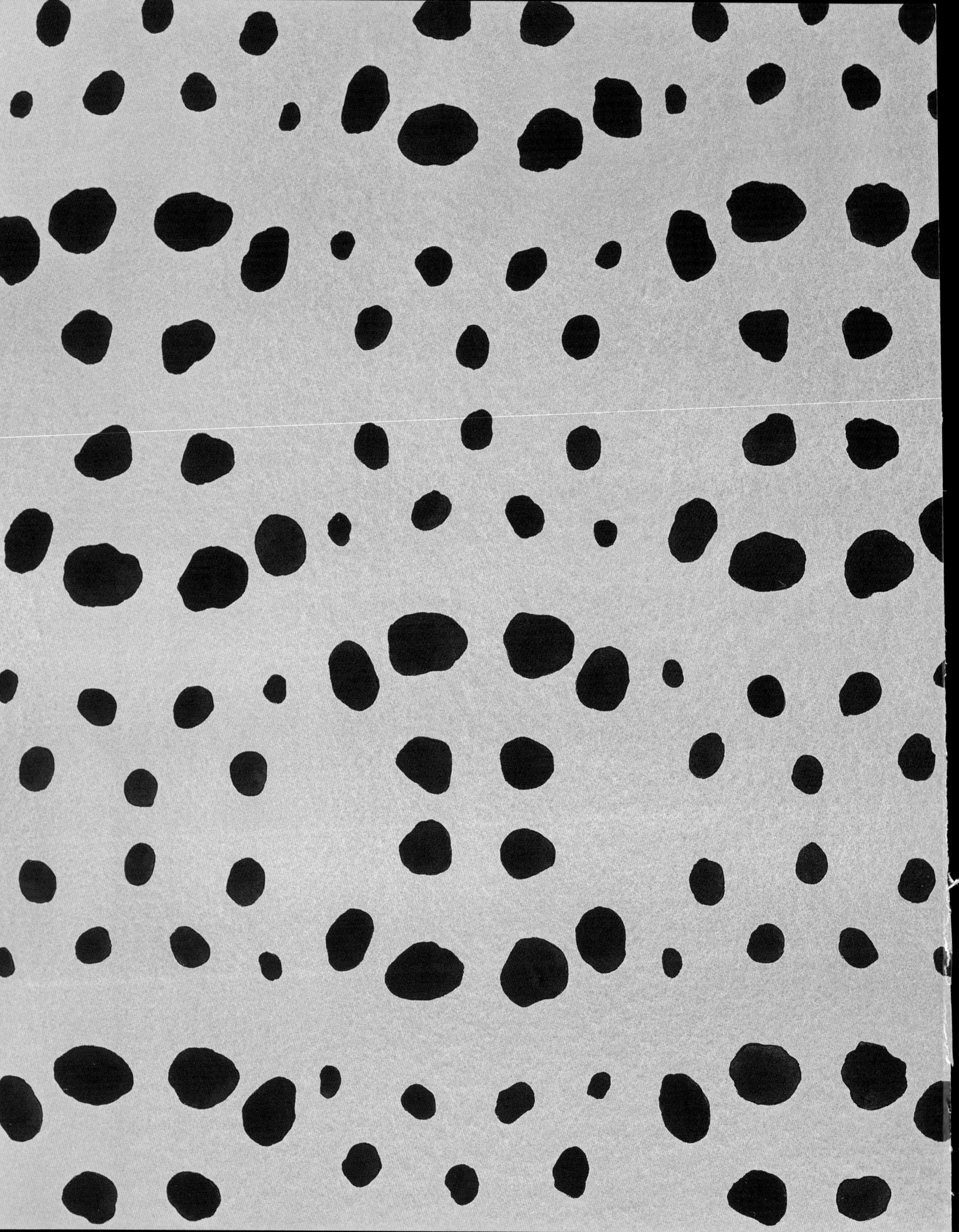